A mes Clients.

—

QUELQUES CONSIDÉRATIONS

SUR

LE TEMPS ET LE MODE DE NOS RAPPORTS,

SUIVIES DE PRÉCEPTES SUR

LES SOINS AUX MALADES

ET

L'HYGIÈNE PRATIQUE, ETC.

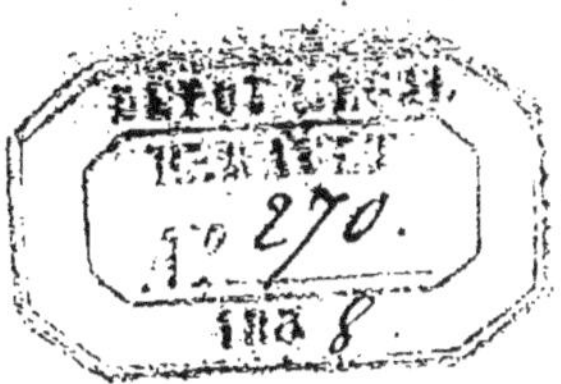

Lavardens, septembre 1858.

L. VIGNOLLES.

MONTPELLIER

JEAN MARTEL AINÉ, IMPRIMEUR DE LA FACULTÉ DE MÉDECINE,

RUE DE LA CANABASSERIE 2, PRÈS DE LA PRÉFECTURE.

1858

DIVISIONS PRINCIPALES.

AVERTISSEMENT.

Raison d'être; but de ces pages; leur excuse. — Nouveau-venu dans la pratique médicale, en présence de la *responsabilité morale* que j'accepte et des *conditions particulières* qui nous lient, j'ai cru devoir vous exposer, sur le *temps* et le *mode* de nos *rapports*, quelques considérations très-concises, mais susceptibles de vous mettre à même de me seconder dans la noble mission qui m'est dévolue : VEILLER sur votre santé, ce premier de vos biens.

Quelques réflexions émises, dans la suite de ces conseils, sur l'utilité des *soins aux malades* et de l'*hygiène pratique*, m'ont inspiré la pensée de donner, à leur sujet, un petit nombre de préceptes que je me suis contenté d'exposer, le plus souvent, sous forme de simples sentences.

Je vous laisse juges de l'à-propos et de l'utilité de ces considérations, que j'exposerai le plus simplement possible, au risque, parfois, de paraître trivial : je désire, avant tout, d'être compris de tous ceux à qui ces conseils sont destinés.

Je sais bien que quelques gens, pour qui médire est vivre, s'évertueront à trouver ces lignes étranges, sottes, ridicules, à y voir l'expression de la vanité ou l'intention de la réclame, que sais-je encore? Mais cela m'importe très-peu, je vous jure, pourvu qu'elles soient pour vous de la moindre utilité : fort de l'estime de ma conscience, je n'essaierai guère de les justifier, quoique cela me fût très-facile. Une seule remarque donc, à titre d'excuse préventive à l'adresse de ceux qui, de *bonne foi*, penseraient qu'il ne me répugne point d'user du tréteau : cet imprimé est **exclusivement** réservé à ceux qui m'auront cru digne de leur confiance. Qui pourrait, dès-lors, sans l'injustice du parti pris, y voir une réclame? Et ceux à qui je m'adresse ne trouveront-ils pas naturel que j'aie souci de leur santé qu'ils me confient, et aussi de mon honorabilité qui les intéresse passablement, j'ose croire?

Je supplie ceux pour qui bafouer ces humbles lignes sera le moyen de me jeter l'insulte, de s'occuper un peu moins des autres et un peu plus d'eux-mêmes : cela vaudra beaucoup mieux pour tous.

Après ces réserves, cher Lecteur, je suis dispensé de vous demander l'indulgence pour la forme de ces quelques pages, auxquelles j'ai pu consacrer à peine quelques instants ; mais je m'estimerai heureux si vous m'accordez la sympathie pour le fond, et la reconnaissance pour l'intention.

L. V.

I.

DU TEMPS ET DU MODE DE NOS RAPPORTS.

S'il est nécessaire , afin d'éviter des pertes de temps presque toujours fâcheuses pour tous, souvent fatales pour le malade, de fixer entre nous des rapports journaliers *sûrs,* invariables, il n'est pas moins utile, dans l'intérêt de chacun de nous, d'établir quel doit être le *mode* de ces rapports, dont beaucoup, parmi vous, ne voient pas, au premier abord, toute l'importance, parce qu'ils ne se sont point trouvés en même de l'apprécier.

Je parviendrai à rendre nos rapports *certains,* si je fixe, pour chaque jour, des heures pendant lesquelles, à moins d'évènements graves, d'empêchements imprévus, vous serez sûr de me rencontrer chez moi, prêt à me mettre à votre entière disposition.

Veuillez, je vous prie, vous représenter le désappointement, pour ne pas dire la fureur, d'un malheureux qui, atteint d'un atroce mal de dents , fait plusieurs courses parfaitement inutiles ; ou celui d'un second qui, voulant absolument m'entretenir de l'état d'un malade qui lui est cher, quitte plusieurs fois et toujours inutilement un travail précieux ; ou bien encore la contrariété d'un troisième qui, désireux de me confier le secret d'une affection qu'il a grand intérêt de cacher à ceux qui l'entourent, saisit un moment propice qui ne lui profitera pas : et vous apprécierez, j'ose l'espérer, le but éminemment utile d'un moyen si simple dont je m'impose l'exécution.

Voici les moments que je crois devoir fixer comme étant les plus favorables pour tous :

Les *dimanches*, pendant toute la *matinée* ;

Les *jeudis*, durant toute la *soirée* ;

Les *autres jours*, de *midi* à *une* heure ;

Tous les *soirs*, à la *fin* de la journée.

Telles sont les heures pendant lesquelles je m'engage à me tenir, en tout temps, à la disposition de ceux qui auront besoin de me parler confidentiellement. Chacun de vous aura le droit de me dire indigne de sa confiance, le jour où, sans motifs réellement sérieux, mais sacrifiant le devoir au plaisir, je ne tiendrai pas avec rigueur mon engagement. C'est vous dire assez toute l'importance que j'attache à la sûreté de nos rapports de tous les jours, pour m'aider à remplir mes devoirs. Je suis convaincu que, dans une profession où les moments sont bien souvent si précieux, on ne saurait jamais être assez économe du temps, cette trame de la vie qu'aucun art ne peut réparer.

Quel doit être encore le *mode* de nos rapports ? C'est ce que je vais tâcher d'exposer au mieux , quoique avec le moins de mots possible , désireux de ne pas entrer, à cet égard, dans des détails qui ne sauraient être énumérés hors de l'intimité du tête-à-tête.

Ou vous venez vers moi pour réclamer mes *soins immédiats*, pressants , pour un parent, un voisin, un ami ; ou bien pour me parler d'un *état maladif* qui vous concerne vous-même ; ou bien, enfin, pour me confier le secret d'une *position* critique dont je puis, comme médecin, alléger la douleur ou conjurer les dangers.

Dans le *premier cas*, ayez, je vous prie, le soin, si vous ne pouvez absolument venir vous-même, d'envoyer quelqu'un d'assez intelligent pour apprécier, ou d'assez peu étourdi pour ne point oublier, chemin faisant, les renseignements qu'il doit fournir sur l'état du malade, à moi ou à quiconque me remplacera pour vous recevoir.

Vous ne sauriez croire combien il est souvent utile au médecin d'avoir, sur un malade qu'il doit aller soulager promptement, parfois même sauver d'une mort certaine , des renseignements bien précis. J'explique ma pensée : il nous est absolument nécessaire, dans des occasions bien déterminées, des affections subites et à marche rapide, dans une asphyxie, par exemple, ou encore une perte de sang foudroyante, un empoisonnement, et dans une foule d'autres cas trop longs à énumérer, de nous munir d'instruments ou d'appareils spéciaux , de substances médicamenteuses indispensables, ou de rechercher des aides non moins nécessaires ; car où trouver assez vite un contre-poison, un appareil utile, dès instruments convenables ou des aides intelligents, dans ces cas où la perte de quelques minutes entraîne inévitablement la mort du malheureux patient? Et quelle cruelle anxiété pour le médecin désarmé , forcé d'assister les bras croisés à la terminaison fatale d'un mal qu'il aurait été à même de combattre efficacement s'il eût été suffisamment instruit d'avance sur ses causes et ses manifestations !

Apprenez donc à rendre parfaitement compte du *temps* et du *mode d'invasion* d'une maladie , de ses *phénomènes* les plus saillants, et aussi de ses *causes* présumées, toutes circonstances faciles à constater et que je dois bien connaître d'avance pour vous être vraiment utile. Dans les cas sérieux, ne confiez jamais à un enfant , à tout individu timide , étourdi ou peu intelligent, le soin de venir réclamer mes secours, partant l'obligation de me fournir sur le malade des renseignements qu'il oublie, ne comprend pas ou n'ose exposer. J'aurai toujours, de mon côté, le soin de laisser, pour me représenter dans mes moments d'absence, une personne digne de ma confiance et de la vôtre, chargée de recueillir *par écrit* et de me transmettre avec soin vos détails.

Je sais que quelques-uns trouveront, au premier abord, ces mesures minutieuses, ridicules peut-être ; mais je sais bien aussi que ceux-là seront les premiers à m'en remercier, si jamais elles contribuent à sauver d'un danger imminent eux ou quelqu'un qui tiendra une large place dans leur affection.

Parlons maintenant du *deuxième cas* à examiner dans le mode intime de nos rapports : vous ne venez plus réclamer mes soins pour un malade atteint d'une affection subite, grave, qui exige des secours sans retard ; mais afin de *demander des conseils* touchant une de ces *maladies* qui n'exigent point le séjour forcé au lit, ni l'intervention d'une médication active.

En cette occasion, n'hésitez pas à venir au plus tôt mettre à contribution ma bonne volonté ; venez réclamer mes conseils dès que vous serez à même de constater le moindre dérangement dans le jeu normal de vos fonctions : sachez que la maladie la moins grave en apparence peut voiler un résultat fâcheux. Du reste, tout état anormal, pour si peu marqué qu'il puisse être, exige l'intervention de l'homme de l'art. Tout le monde ne saurait évidemment, dans ce cas, être juge assez éclairé pour être conseiller sûr. Croyez bien que, s'il est presque toujours facile de *prévenir* les maladies par de simples précautions hygiéniques, il est bien souvent mal aisé de les *guérir* au moyen du traitement le plus rationnel : il n'y a que les ignares et les charlatans qui croient ou jurent à qui veut les entendre que l'art de guérir est toujours infaillible. Si vous n'avez point appris à vous préserver des maladies, soyez du moins assez ami de votre santé pour réclamer, en temps convenable, les lumières de tout homme qui peut vous conseiller sûrement sur sa conservation.

J'appelle de tous mes vœux le moment où les éléments de l'*hygiène*, cet art de conserver sa santé, feront partie sérieuse, exigible, du programme de l'Instruction primaire : on ne saurait prévoir les excellents résultats de cette addition si facile à faire à l'instruction du peuple, sur sa bonne santé.

A tous ceux, d'entre vous, qui peuvent disposer de quelques loisirs, je ne saurais trop recommander l'étude de cette science dans des traités peu étendus et réservés aux gens du monde ; j'ose leur promettre que leur temps ne sera pas perdu pour eux, ni pour ceux qui les entourent. Qu'ils joignent à l'étude de l'hygiène élémentaire celle de notions non moins simples sur les *soins aux malades :* ils seront, dès-lors, en même d'éviter bon nombre de maladies, ou encore à les rendre moins aiguës et moins meurtrières. Ils n'auront plus guère à craindre que les accidents imprévus, les maladies épidémiques, les maux inévitables attachés à chaque profession, les affections héréditaires, toutes causes assez fréquentes de mort dont ils pourront encore apprendre à pallier les effets. Je me ferai un réel plaisir de leur procurer, sur leur demande, les ouvrages élémentaires les plus propres à les instruire, sans encombrer leur mémoire de détails fastidieux, inutiles.

Mais il en est un grand nombre, parmi vous, pour qui les longs loisirs sont impossibles ; il en est d'autres encore à qui, vraiment, il répugnerait d'entreprendre des études tant soit peu étendues : pour ceux-là, je n'ai pu m'empêcher d'émettre, sur les matières dont je viens de parler, des préceptes bien concis, que je me propose d'exposer à la suite de ces considérations sur nos rapports. Humble médecin du hameau, n'ai-je pas surtout pour mission de veiller sur la bonne santé du pauvre travailleur?

Mais je reviens à l'objet principal de ces lignes, et j'aborde le *troisième point* à examiner dans le mode intime de nos rapports: vous désirez me confier le secret d'une *position* dans laquelle les lumières et les encouragements d'un médecin digne de ce nom sont, bien souvent, si utiles.

Eh bien! autant vous devez exposer les moindres circonstances de vos maladies, afin de me mettre en même de les traiter efficacement; autant vous devez, sans crainte comme sans honte, me confier ce qui a rapport à une position délicate, pénible, qu'il vous répugnerait de faire connaître à votre ami le plus intime.

Si, pour vous encourager à venir vers moi plein de confiance, je dois vous exprimer ma manière de voir bien arrêtée, relativement *au secret à garder par le médecin,* je n'hésite pas à citer, d'un livre estimable à bien des points de vue, des idées auxquelles je me rallie d'une manière absolue, sans la moindre restriction.

« Les médecins ne sont tenus à garder, aux yeux de la »loi, que les secrets qu'on leur confie; mais la morale leur »impose des obligations bien plus étendues: elle veut qu'ils »ne dévoilent rien de ce qui concerne la maladie, quand elle »doit rester inconnue, et de ce que leur entrée dans les

»maisons où ils sont appelés leur ferait apprendre ou voir,
»quand même cela serait étranger à l'exercice de leurs
»fonctions. Ces principes ne paraissent susceptibles d'aucune
»objection, et, sous quelque prétexte que ce soit, on ne
»doit s'écarter de leur rigoureuse application. » . . . .
. . . . « Il est un seul cas où le
»médecin est obligé de se taire: c'est lorsqu'il reconnaît
»des symptômes ou des traces d'empoisonnement ou de quel-
»que violence qui indiquerait un crime ; et même il doit
»garder le silence si la victime lui a confié, sous le sceau
»du secret, qu'il a été tué ou qu'il s'est tué lui-même. » . . . .
. . . . « La médecine est comme
»le sacerdoce ; les devoirs qu'elle impose sont sacrés, quel-
»quefois même implacables. D'un mot, vous pouvez sou-
»vent retirer un ami, un frère d'un précipice, et vous ne
»pouvez le dire, parce qu'il y a deux hommes en vous,
»l'homme du monde et le médecin : le médecin auquel on
»confie toutes les plaies du corps, comme au prêtre toutes
»les plaies de l'âme; le médecin auquel on ne songe pas à
»demander le secret, tant il est naturel ! auquel la mère
»raconte des choses à deshonorer dix fois sa fille, et sans
»crainte, sans hésitation, avec confiance, parce que cet
»homme peut la guérir, lui rendre la vie, la santé. Honneur
»à la profession qui inspire une telle confiance ; mais honte
»et réprobation devant Dieu et devant les hommes pour
»ceux qui la trahissent [1] ! »

[1] T.. ..., Jurisprudence de médecine.

Que pourrais-je dire après ces réflexions, si judicieuses et si nettement exprimées? Je me contenterai d'ajouter : Acceptant avec ferveur les obligations que le Père de la médecine imposait à ses disciples, *je jure que jamais, au grand jamais, force humaine ne pourra me contraindre à dévoiler non-seulement le secret que l'on m'aura confié, mais même celui que j'aurai surpris en dehors de mon ministère.*

Ce n'est qu'à la condition de ce secret rigoureux, inflexible, que je puis comprendre, de la part de l'homme qui souffre, une confiance illimitée pour celui qui doit le guérir ou le consoler.

II.

DES SOINS AUX MALADES.

Le cadre si restroint que je me suis imposé me force, à mon grand regret, d'être très-court dans l'exposé des conseils qui vont suivre sur les *soins aux malades*. Je ne laisserai, pour les rendre complets, échapper aucune des nombreuses occasions que m'offrira la pratique; je vais donc m'en tenir à des préceptes tout-à-fait généraux.

Je m'adresse surtout aux gardes-malades, ces intermédiaires obligés et si souvent imprudents entre le malade et le médecin.

Plusieurs fois dans la journée faites pénétrer abondamment de l'air dans la chambre occupée par un malade ; ne craignez pas d'ouvrir largement les fenêtres, surtout dans la matinée : il est bien facile de renouveler l'air sans que le malade en soit péniblement impressionné. La plupart d'entre vous craindraient, avec raison, de tomber malades s'ils étaient obligés de séjourner seulement pendant quelques heures dans l'atmosphère infecte de certaines chambres de malades. Mais comment donc pourraient-ils croire qu'un malade affaibli, découragé, puisse résister à cet empoisonnement de toutes les minutes ? Repoussez énergiquement le sot préjugé qui tend à faire croire qu'un malade guérira d'autant mieux qu'il sera davantage à l'abri de l'air et de la lumière. Il n'est pas une seule maladie pour laquelle il ne faille un air d'une exquise pureté ; elles sont bien rares celles dans lesquelles la lumière peut être nuisible.

Une excessive propreté, pour le malade et pour tous les objets qui l'entourent, n'est guère moins nécessaire qu'un air souvent renouvelé. Je ne puis, pour des raisons que tout le monde appréciera, entrer à cet égard dans de nombreux détails.

Appliquez-vous à exécuter ponctuellement les prescriptions médicales ; que les médicaments ne soient point donnés au malade selon son caprice ou d'après les inspirations d'une personne étrangère à l'art médical : sachez bien que l'action d'une substance médicamenteuse varie parfois à l'infini, selon son *mode d'emploi*. C'est risquer, bien souvent, de faire périr le malade que de ne point s'astreindre très-exactement aux prescriptions du médecin, que de charitables amis ne manqueront jamais d'accuser du méfait.

Autre recommandation, la plus essentielle peut-être, et sur laquelle j'attire particulièrement votre attention. Appliquez-vous à remplir *absolument* toutes les conditions du *régime* indiqué ; ne vous laissez jamais attendrir et gagner par les supplications du malade, ou vous effrayer par ses menaces : une fois guéri, sauvé, cet homme si bizarre, si colère, si violent, vous bénira de votre fermeté, soyez-en bien sûrs. A part des indications impérieuses qu'un médecin prudent a toujours le soin de signaler, on peut bien peut-être modifier un peu les prescriptions relatives aux médicaments, mais on ne viole jamais impunément les recommandations qui se rapportent à l'alimentation dans les maladies aiguës et sérieuses. J'avance hardiment, sans crainte d'être démenti par les médecins honnêtes et éclairés, que, le plus souvent, un régime sagement approprié peut amener la guérison sans le concours des médicaments, tandis qu'il n'est pas une seule affection, grave ou bénigne, qui soit susceptible d'être guérie par les remèdes sans l'aide des moyens hygiéniques et du régime. Cette proposition, dont aucun homme sensé ne discutera la justesse, nous explique les succès obtenus par les partisans d'un système médical de la plus sublime extravagance, qui, tout en prescrivant, presque avec peur, un décillionième de grain d'une substance inerte, n'oublient jamais d'indiquer un régime rigoureux. Qu'est-ce, en effet, qu'un décillionième de grain, considéré comme quantité matérielle ? L'esprit humain répond hardiment : Rien. Et, croyez-le bien, la difficulté des indications alimentaires dans les maladies n'est pas moins réelle que celle des indications thérapeutiques, et tout le monde ne peut évidemment les prévoir et les régler. Ces remarques s'appliquent aussi bien au temps de la convalescence, pendant laquelle un régime sévère et sagement ménagé n'est pas moins nécessaire afin de prévenir les récidives si funestes après les maladies aiguës.

A part cette inexorable sévérité que vous devez déployer relativement aux prescriptions alimentaires, hygiéniques et thérapeutiques, vous devez condescendre aux volontés les plus bizarres du malade, subir, sans vous plaindre, toutes ses capricieuses boutades. Apprenez à sacrifier, en présence de l'homme souffrant, toutes les considérations de l'intérêt et de l'amour-propre, à faire taire toutes les inspirations du caractère, à vous affranchir de toutes les influences. Il est des maux qui font de l'homme le plus doux un être méchant, soupçonneux, impitoyable pour tous ceux qui lui prodiguent les soins les plus dévoués ; ayez pitié de cet homme, car la souffrance lui enlève la raison.

Paraissez toujours gai, plein d'espoir près du pauvre malade, qui, soyez-en convaincu, commente vos paroles, interprète vos divers mouvements, épie chacun de vos regards, pour y lire votre pensée sur la terminaison heureuse ou funeste de sa maladie. Soyez constamment en garde contre le moindre de vos gestes, calculez la portée de toutes vos paroles. Il n'est malheureusement pas permis à tout le monde de savoir rencontrer, à tout instant, de bonnes paroles de consolation et d'espoir, de donner une explication prompte et satisfaisante au plus petit incident, de répondre aux questions si variées du malade, et surtout d'imposer silence à sa douleur. Il est si pénible de contraindre au gai sourire des lèvres contractées par le désespoir !

J'ai résolu de ne point aborder la question des derniers devoirs religieux, si délicate, mais si importante au point de vue de la santé du malade et de l'honorabilité du médecin; je risquerais et je serais désolé d'être mal compris ou faussement interprété. Je me contenterai donc de vous dire : Soyez bien prudent, ne vous hâtez jamais, et, dans toute occasion, gardez-vous d'assumer sur vous seul la responsabilité d'une démarche : on a lieu de se repentir des plus saintes erreurs. Je serai toujours heureux et fier de m'associer à des encouragements dictés par une foi sage et prudente; mais je m'opposerai, de toutes mes forces, à la fatale influence d'un zèle maladroit.

III.

PRÉCEPTES D'HYGIÈNE PRATIQUE.

J'ai déjà pris le soin de justifier le but de ces conseils, que j'ai l'intention d'exposer le plus souvent sous forme d'*aphorismes* détachés, sans trop m'inquiéter de leur liaison : il me suffira que chacun d'eux exprime une idée utile et raisonnable. Je dois nécessairement me soumettre à cette méthode de rédaction : *mon but est d'instruire un peu sans trop ennuyer*. Après tout, que faut-il donc faire, le plus souvent, pour éviter bien des maladies? Mon Dieu, tout simplement être raisonnable.

L'*hygiène* est l'art de conserver sa santé ; la *santé* c'est l'état normal de l'homme. L'hygiène est dite *publique* ou *privée*, selon qu'elle considère les besoins des *masses* ou qu'elle s'occupe de l'homme pris *isolément* : l'hygiène privée doit seule nous occuper.

Je n'oublierai point que je m'adresse surtout aux travailleurs des champs, ou aux ouvriers qui, vivant parmi eux, sont soumis à un genre de vie peu différent ; et, dans la si petite portion de la science hygiénique qui va nous occuper, je choisirai les préceptes les mieux appropriés à leurs besoins. A ceux qui, dans des classes plus élevées, me trouveront digne de leur confiance, je me permettrai de dire : Vous avez tout intérêt, pour votre santé, de rapprocher votre manière de vivre de celle des campagnes ; le citadin ne dégénère tant, que parce qu'il oublie les enseignements de la nature.

1° *ALIMENTATION*. — L'*aliment* est toute substance qui peut servir à la *nutrition*. Les aliments sont végétaux ou bien appartiennent au règne animal. L'homme est destiné à se nourrir d'aliments végétaux et de viandes : la conformation de plusieurs de ses organes le prouve surabondamment.

L'espèce de nourriture doit varier selon les climats : le Béarnais, qui vit presque d'eau fraîche et de maïs, est-il moins agile et moins vigoureux que l'homme du Nord, qui se gorge de viande et de vin?

Le mode d'alimentation ne doit pas moins varier pour chaque individu, selon le genre d'occupations auxquelles il est habituellement soumis. A vous, laboureurs! qui respirez la brise embaumée des champs, et dont l'énergie doit être persévérante, égale, la nourriture végétale, cet aliment du travail patient, suffit presque toujours. Les viandes substantielles vous seront utiles quand vous serez obligés de tenir tête à un travail excessif, exigeant peu de retards. L'usage journalier de la viande, exigence hygiénique pour certains peuples placés dans des conditions tout-à-fait défavorables de santé, ne saurait être presque, pour vous, qu'une prescription médicale.

Préparez vos mets le plus simplement possible ; les ragoûts raffinés vous feraient bien vite oublier l'appétit, votre assaisonnement le plus sûr et si peu coûteux. Soyez persuadés que la viande ne vous sera jamais si salutaire que quand vous la mangerez simplement bouillie et mieux encore rôtie ou grillée.

Gardez-vous de manger de la viande provenant d'animaux morts d'une maladie tant soit peu suspecte ; vous pourriez, croyez-le bien, payer votre imprudence par une maladie sans espoir.

Les aliments *végétaux,* plus nombreux que ceux du règne animal, sont aussi les mieux appropriés à notre espèce : la Providence les a fait croître en abondance dans toutes les parties du monde. Ayez soin de les varier, ainsi que tous les aliments autres que le pain et le vin : il n'y a que le pain, l'eau et les boissons fermentées qui peuvent servir constamment à notre nourriture, sans préjudice pour notre santé.

N'abusez d'aucune *boisson*; prise en quantité immodérée, la plus innocente, du reste, devient contraire. Rejetez absolument *l'eau* des marais, étangs, rivières, citernes, canaux, fossés et autres réservoirs de quelque nom qu'on les décore; la moins impure est un vrai poison. La meilleure eau est, sans contredit, celle des fontaines qui coulent en pleine liberté; l'eau de puits est rarement salubre, celle de rivière entraîne presque toujours des immondices de tout genre.

Les *boissons fermentées*, inutiles pour les peuples pasteurs et fainéants, sont indispensables pour l'homme actif des pays agricoles et industriels. Pour si pauvres que vous soyez, ayez, pour le temps des rudes travaux, du *vin* qui soit du vin et non un mélange ou une combinaison. Usez avec modération, je dirai presque avec respect, de ce don si bienfaisant du Ciel : l'homme qui se grise est un fou qui se tue; l'ivrogne est une bête brute.

Parmi les *boissons alcooliques* (eau-de-vie, rhum, cognac, liqueurs, &c.), aucune ne peut vous être utile, et toutes sont susceptibles de vous être nuisibles. Prises avec excès, elles amènent des maux incalculables, abrutissent les plus heureuses natures et conduisent à une imbécillité irrémédiable. Soyez toujours assez raisonnables, assez amis de votre santé et jaloux de votre bonheur, pour vous en abstenir complètement.

Les *assaisonnements* ou *condiments* existent avec une profusion qui en prouve l'utilité. Le *sel* est le plus nécessaire des condiments ; je dis même qu'il est indispensable, aussi la Providence nous l'a départi avec une immense libéralité. Travailleurs des champs, ouvriers qui êtes pauvres et mal nourris, ne craignez pas d'user largement de ce condiment si salutaire ; pris en quantité modérée, il n'a jamais que d'excellents effets. Employez sans excès les autres assaisonnements de haut goût, poivre, épices, &c. ; ils conviennent surtout pendant les fortes chaleurs de l'été.

Il faut attendre l'*appétit* et ne point le solliciter ; mais il faut éviter la *faim*, qui a l'inconvénient d'affaiblir et d'induire à l'intempérance. Trois *repas* par jour sont nécessaires au laboureur, qui respire un air vif et supporte le poids du jour et de la fatigue ; réglez-les de manière à laisser entre eux un intervalle de quatre à cinq heures : c'est le temps nécessaire pour une complète digestion. Vos repas doivent être plus nombreux et plus rapprochés en été, surtout pendant les travaux de la moisson ; car alors l'appétit est peu vif et les besoins sont extrêmes : réservez, pour ce temps, votre vin le plus généreux.

Ne restez jamais en deçà de votre appétit et mangez un peu pour la gourmandise ; mieux vaut, pour vous, de surcharger votre estomac que de ne point satisfaire à des besoins réels : l'extrême frugalité ne saurait long-temps s'allier avec les pertes des travaux en plein air.

Habituez-vous à goûter le plaisir des repas en commun, de savourer les délices de la vie de famille dans ces moments, les seuls pendant lesquels il vous est possible de vous rassembler : le corps est bien portant quand le cœur est satisfait.

Si vous avez le nécessaire, n'enviez pas es mets superflus ; on vit long-temps bien portant quand on sait être sobre et qu'on ne manque pas de l'indispensable.

N'allez pas, à l'exemple de quelques gens du monde, soumettre vos *enfants* à des repas réglés, à intervalles fixes ; laissez-les donc se barbouiller à leur aise : il n'est pas d'enfant qui jouisse d'une meilleure santé que celui qu'on laisse manger et courir en pleine liberté.

La *sobriété*, utile à tous les âges, est indispensable dans les vieux jours : le vieillard doit savoir tenir tête à ces appétits factices qui peuvent lui procurer une indigestion promptement mortelle.

——— ———

2° *DES VÊTEMENTS ET DES SOINS DE PROPRETÉ.* — Ayez, je vous en supplie, très-peu de vénération pour la *mode*, toujours si exigeante et si souvent deshonnête ou ridicule ; adoptez des vêtements qui réunissent le commode, le raisonnable et l'hygiénique : la mode les respecte.

En toute saison, ayez une *coiffure* assez souple pour se mouler sur vos têtes, au lieu de forcer vos têtes à se mouler sur elle ; qu'elle soit chaude en hiver, ample et fraîche en été.

Pas plus que les *cravates*, ne tendez outre mesure aucun des *liens* qui servent à vous vêtir ou à maintenir quelque partie du vêtement : une constriction trop forte aurait pour effet de modifier étrangement la texture et les fonctions de certains organes ; elle gênerait toujours le libre cours de la circulation qui ne saurait jamais être assez favorisé.

Pendant les deux tiers de l'année, ayez tous vos habits d'un tissu de laine qui vous garantira des refroidissements subits. En toute saison et en tout état de santé, ayez de la laine en contact immédiat avec la peau, adoptez tous le gilet et le caleçon de flanelle. Endossez ce cilice , je vous en prie : cette mortification vous vaudra d'éviter un nombre infini de maladies dont je vous épargnerai l'énumération , mais surtout ces affections rhumatismales si communes à la campagne, et qui parvenues à une certaine période résistent aux traitements les mieux entendus : c'est que la médication la plus rationnelle ne peut refaire des organes , et le froid agit à la manière des caustiques, il désorganise. Pourquoi les femmes n'adopteraient-elles pas surtout le caleçon de laine ? Que de maladies propres à leur sexe seraient évitées par l'usage de ce simple vêtement, maladies dont le point de départ est si souvent dans le refroidissement des parties inférieures du corps !

Jeunes femmes de nos campagnes ! rejetez absolument le *corset*, cette prison de fer et de coutil qui , comprimant les organes les plus sacrés, nuit aux fonctions les plus importantes de la vie.

Dans toute autre saison que l'hiver, ayez des chaussures à votre guise ; mais à l'apparition des premiers froids prenez au plus tôt vos sabots : jusqu'à ce jour on n'a pas imaginé de chaussure plus hygiénique. De grâce , ne laissez pas la vanité vous prendre par les pieds, au risque de vous congestionner la tête.

Le défaut de *propreté* engendre, entretient, puis exaspère une foule de maladies, surtout les maladies de la peau, toujours si rebelles quand elles sont anciennes. Que vos soins de propreté, sans être excessifs, s'étendent à toutes les parties du corps. Prenez souvent des bains frais durant l'été, et ne vous faites pas un point d'honneur d'imiter l'incurie de quelques gens qui rougiraient de s'astreindre aux soins corporels les plus vulgaires.

3° *De la respiration ; de l'air, de sa pureté*, &c. — *Respirer* est le premier besoin de la vie : il serait bien plus dangereux de rester deux minutes sans respirer que deux jours sans aliments ni sommeil.

L'air pur est indispensable pour la bonne santé ; il doit être plutôt froid que chaud, plutôt sec qu'humide. Il est d'autant plus pur que les lieux sont plus élevés.

Un appartement contient un air d'autant moins pur, qu'il est habité par un plus grand nombre de personnes, qu'il est plus petit et que la température y est plus élevée : renouvelez souvent l'air de vos chambres par de larges courants. Ne vous aventurez jamais dans un puits, dans un souterrain, ou encore dans un tonneau dans lequel fermente de la vendange, sans vous munir d'une chandelle allumée, dont l'éclat douteux ou l'extinction vous feront apprécier l'impureté plus ou moins grande de ces milieux.

Préservez-vous du *froid* plutôt par l'exercice du corps que par les moyens artificiels.

Ne vous exposez jamais à deux courants d'air à températures extrêmes. Ne passez pas brusquement d'un lieu chaud dans un autre à température peu élevée ; vous éviterez ainsi des maladies dont, bien souvent, la terminaison est funeste.

***

4° *DES HABITATIONS ET DU VOISINAGE.* — Quand vous projetez de *bâtir,* assurez-vous des qualités de l'air et des eaux ; recherchez la pente méridionale d'une colline ; redoutez le voisinage des terrains marécageux.

Évitez à tout prix l'*humidité* : pour être moins humides et plus salubres, les maisons devraient toujours reposer sur des voûtes de cave.

N'habitez jamais une maison nouvellement bâtie, vous vous exposeriez aux rhumatismes et aux affections de poitrine.

Disposez, autant que possible, vos maisons au levant ou au moins au midi ; venant du nord, l'air serait trop froid en hiver, et trop humide, en tout temps, venant du couchant.

Ménagez à vos demeures de larges ouvertures qui laissent pénétrer en abondance de l'air et de la lumière, ces éléments indispensables pour la bonne santé.

Meublez simplement vos maisons; ménagez-y de vastes cheminées qui servent à renouveler l'air.

Éloignez-en tout corps en fermentation ou en putréfaction, tout amas d'ordures, de débris organiques ou d'engrais. Desséchez les égouts, les cloaques ; comblez les fossés bourbeux et les viviers infects : remarquez donc l'effrayante mortalité qui pèse sur les habitants de certaines

localités situées non loin de pareilles sources d'empoisonnement !

———

5° *Du travail et du sommeil.* — Le *travail* est une
obligation à laquelle l'homme ne se soustrait jamais complètement sans préjudice pour sa santé.

Il est des travaux qui dégradent ceux qui s'y trouvent
soumis ; mais il n'en est point ainsi des travaux modérés des
champs : l'agriculture rend meilleur, plus gai, plus doux et
plus patient.

Le travail doit être proportionné aux forces de chacun.
Ne contraignez jamais un enfant à de rudes fatigues, vous
ruineriez son existence dans sa source.

L'activité est surtout utile aux jeunes gens, mais une
activité sans excès et bien dirigée.

N'oubliez jamais qu'un travail continu, persévérant,
fatigue bien moins qu'une précipitation déréglée.

Faites en sorte que votre travail ne soit pas long-temps
uniforme : c'est, en quelque sorte, se reposer que de diver-
sifier ses occupations.

Évitez les travaux excessifs : les gens pauvres, éprouvés
par des privations de tout genre, paraissent des vieillards
décrépits à un âge où l'homme au travail modéré jouit encore
d'une verte vigueur.

Le besoin de *sommeil* toutes les vingt-quatre heures est
des plus impérieux ; on ne peut s'y soustraire qu'avec peine
et jamais qu'aux dépens de la santé et aussi de l'égalité du
caractère : les gens qui dorment mal ou peu sont souffrants,
méchants et querelleurs.

Trop de sommeil est également nuisible et dispose à l'apoplexie, à l'obésité et à l'inertie de l'intelligence.

On doit proportionner le sommeil à l'âge et à la fatigue : ce n'est pas trop de dix heures de sommeil pour un enfant, de cinq heures pour un vieillard, et de sept pour l'homme adulte et occupé.

6° *DES PLAISIRS ET DU MORAL.* — Les *plaisirs* modérés et le contentement du cœur sont nécessaires pour la bonne santé. J'ai dit ailleurs : Le corps est bien portant quand le cœur est satisfait.

Habituez-vous à trouver le plaisir dans l'accomplissement de vos devoirs, vous finirez par y rencontrer une délicieuse jouissance.

Évitez tout plaisir qui s'achète aux dépens du repos du corps et de la tranquillité de l'esprit ; fuyez surtout le jeu qui n'amène que regrets et dégoûts.

A l'exemple de vos pères, faites revivre autour du foyer d'hiver ces joyeuses réunions, dont la gaîté faisait tous les frais ; elles vous fourniront l'occasion des rassemblements heureux et des plaisirs sans remords ; vous vous y souviendrez du voisin qui souffre et de l'ami qui a besoin. Vous favoriserez ainsi votre santé ; car la santé c'est la vie, et la vie c'est l'amitié, le dévouement et le devoir réciproque.

A toi, pauvre ouvrier ! dont le travail assidu, pénible, ne peut fournir aux besoins de ta chère famille, je dirai : Sois résigné, mais courageux ; n'écoute pas la voix de la hideuse jalousie, ni les suggestions du sot amour-propre. Souviens-toi que la douce charité ne s'est point enfuie de la terre, quoi qu'en puissent dire les égoïstes, cette race de bêtes fauves, ou l'avare soupçonneux et stupide. Ménage-toi tes vrais amis, chacun compte les siens, il ne doit jamais les sacrifier aux mauvaises passions s'il veut les retrouver en temps propice. A celui qui te honnit, rends mépris pour mépris; mais ne te plains qu'à ton ami véritable, ne te console qu'avec lui.

OBSERVATIONS SUR LES PREMIERS SECOURS.

Je suis forcé d'avouer que les considérations que je viens de présenter sur *nos rapports, les soins aux malades* et surtout l'*hygiène pratique*, sont de beaucoup insuffisantes, renfermées dans le cadre si restreint que, pour bon nombre de raisons, j'ai cru devoir m'imposer; mais je me propose de les compléter, de vive voix, chaque fois que j'en rencontrerai l'occasion. Je serai satisfait si je suis parvenu, du moins, à vous en faire apprécier l'utilité : mes conseils ultérieurs en seront mieux acceptés et plus efficaces.

Aussi bien, aurais-je dû, pour vous mettre en même de mieux me seconder dans mes devoirs, vous faire connaître

les indications principales à remplir dans les *cas pressants;*
mais je ne pouvais me renfermer dans un très-court espace
sans risquer d'être plutôt nuisible qu'utile. Je m'empresse
de signaler ce nouveau sujet d'étude à ceux, d'entre vous,
qui peuvent disposer de loisirs ; je me chargerai de mettre
entre leurs mains les ouvrages élémentaires mais suffisants
pour les rendre capables de sauver leurs semblables, dans
ces cas où les minutes sont plus précieuses que des siècles.
Que de malheureux sont morts avant l'arrivée du médecin,
et que des soins bien simples, bien vulgaires, auraient pu
sauver !

Il me suffira, pour vous engager à des études qui peuvent, au premier abord, vous paraître rebuttantes, de vous
signaler les principales circonstances dans lesquelles chacun
de vous a le droit de prodiguer des soins immédiats, susceptibles de rendre possible l'intervention favorable de
l'homme de l'art.

Ce sont, en premier lieu, les *empoisonnements,* résultat
d'une tentative criminelle, ou le plus souvent de l'imprudence
ou de l'incurie. Empoisonnements par le *phosphore,* cette
substance si toxique mise avec une négligence sans nom
entre les mains du premier-venu ; empoisonnements par
l'*acide arsénieux,* qu'on fait entrer dans la pâte dite *mort-*
aux-rats, comme s'il n'y avait pas cent autres moyens de se
débarrasser de ces animaux incommodes ! empoisonnements
par le *sous-acétate de cuivre (vert-de-gris),* qui se forme

de toutes pièces à la surface des ustensiles de cuivre exposés à l'humidité ; empoisonnements par les *champignons,* ces aliments pour le moins très-inutiles, s'ils ne sont, le plus souvent, nuisibles. Il n'est pas un seul de ces empoisonnements, les plus observés à la campagne, pour lequel on ne trouve toujours sous sa main des moyens de secours suffisants pour, dans la plupart des cas, attendre sans danger les secours du médecin.

En second lieu, je signale les asphyxies : asphyxies par *submersion* (noyés), asphyxies par *strangulation* (pendus), asphyxies par l'*acide carbonique* des *tonneaux* ou des *souterrains,* tous cas dans lesquels, bien souvent, la seule position, un changement de milieu et des moyens mécaniques de la dernière simplicité suffisent pour ramener la vie ;

Encore, certaines affections, comme la *syncope, l'indigestion, l'ivresse,* un *accès d'asthme* ou *de coqueluche,* &c., qui, sans présenter un danger toujours imminent, peuvent, quand elles sont prolongées, se terminer par la mort dans un très-court espace de temps.

Puis, je trouve les *hémorrhagies* ou pertes de sang assez considérables pour mettre la vie en très-grand danger, exigeant des secours prompts, sans le moindre retard, ne fût-ce que pour calmer la frayeur des malades, qui, dans ces circonstances, a quelquefois suffi pour les faire périr.

Et pour terminer, enfin, ces accidents dans lesquels les

secours du premier moment sont utiles, sinon pour sauver d'une mort prompte, du moins pour *soulager,* comme dans certaines affections très-douloureuses, ou pour *éviter les suites les plus fâcheuses,* comme dans les *commotions profondes,* les *attaques de vers,* les *convulsions,* les *morsures de chiens enragés,* les *piqûres d'insectes venimeux,* les *violences extérieures,* quel qu'en soit le mode, &c., &c.; il n'y a pas jusqu'à la manière de *relever* et de *transporter un blessé* qui n'exige des procédés particuliers, imaginés dans le but d'éviter, pour le moment de l'accident, les secousses douloureuses, et, pour l'avenir, des difformités qu'on ne se fera pas faute de mettre sur le compte de l'inhabileté du chirurgien.

FIN.